J'HABITE CHEZ MA COUSINE

Mohamed BOUNOUARA

Editions ART ET COMÉDIE
2, rue des Tanneries
75013 PARIS

Tous droits de reproduction, d'adaptation
et de traduction réservés pour tous pays
ISBN : 2-84422-528-4
© Editions théâtrales **ART ET COMÉDIE** 2006

Cet ouvrage est réalisé avec le soutien de la SACD

S A C D
Société des
auteurs et
compositeurs
dramatiques

À Christelle Gallego
sans qui cette pièce n'existerait pas.

NOTE SUR L'AUTEUR

Mohamed Bounouara est comédien et auteur de théâtre. Il est à l'origine, avec Rodolphe Le Corre et Franck Migeon, du trio des Glandeurs Nature. Il a également écrit de nombreuses pièces dont « Violon Dingue », éditée chez l'Harmattan.

PERSONNAGES

JANINE : 25 ans. Spontanée, naïve et optimiste. C'est une fille d'un tempérament heureux et d'un naturel volontaire qui n'aime pas se compliquer l'existence. Elle a tendance à dire simplement ce qu'elle ressent sans penser à mal et sans hypocrisie, mais elle croit peut-être trop facilement tout ce qu'on lui dit. Sa force est d'être convaincue qu'il suffit de vouloir très fort les choses pour qu'elles se réalisent. Ainsi, elle avance sans masque dans une vie qu'elle trouve toujours belle.

GHISLAINE : 30 ans. Élégante, complexe et désabusée. En apparence, c'est quelqu'un de superficiel, une victime de la mode, mais en réalité elle vit avec son époque; elle a de fortes convictions qu'elle cultive comme un jardin secret. Assoiffée de reconnaissance parisienne, elle rejette ses origines provinciales. C'est une pessimiste qui ne se fait aucune illusion sur la façon dont va le monde. Ainsi, elle est capable de déployer des trésors d'intelligence et de séduction pour parvenir à ses fins.

En voix off : **MAÏTÉ**, la maman de Ghislaine.
ARNAUD, le copain de Ghislaine.

TABLEAU 1

Un intérieur moderne et confortable. Dans ce décor : personne. On a à peine le temps de remarquer le mobilier design et les œuvres d'art contemporain que retentit la sonnerie du téléphone.
Le répondeur se met en route après deux ou trois sonneries. On entend la voix d'une femme d'un certain âge avec un fort accent du sud-ouest.

MAÏTÉ *(off)* - Allô! Ma chérie, c'est ta mère! Allô! Allô! Ma Ghislaine! C'est moi, c'est ta maman! T'es là?... Si t'es là, réponds-moi, parce que j'en ai marre de toujours parler qu'à ton drôle d'appareil. J'aimerais un peu te parler en vrai, de temps en temps. T'es pas encore très connue et j'arrive jamais à te joindre, alors qu'est-ce que ce sera quand tu seras une star! Bon, t'es pas là alors? C'est ton dernier mot? C'est dommage parce que j'avais quelque chose d'important à te dire. Je veux bien y laisser un message, à ta machine, mais j'espère que ça va pas faire comme la dernière fois où tu l'avais pas eu. Tu t'en rappelles? Et surtout, Ghislaine, tu me rappelles quand tu l'as, le message, parce que ce que je vais te dire, c'est très important! Alors, voilà...

Au même instant, on entend un bruit de clefs venant de la porte d'entrée, en coulisse.

Reproduction Interdite

9

C'est Ghislaine qui se dépêche de rentrer chez elle. Elle se précipite sur le téléphone, mais le répondeur arrive en fin de bande et l'on entend des « bips ». Puis, ça raccroche.

GHISLAINE - C'est pas vrai ?! C'est toujours la même chose ! *(Elle dépose ses affaires, puis décroche son téléphone fixe et compose un numéro.)* Allô ! Maman ?

VOIX DE MAÏTÉ - Oh ! c'est toi ma grande ?

GHISLAINE - Oui, c'est moi. Je viens juste de rentrer et...

VOIX DE MAÏTÉ - Et comment tu vas, ma Ghislaine ?

GHISLAINE - Ça va, je vais bien.

VOIX DE MAÏTÉ - Tu manges bien, au moins ?

GHISLAINE - Mais oui, je te dis que ça va ! Bon, j'ai eu ton message, mais pas en entier. Qu'est-ce qu'il y a de si important ?

VOIX DE MAÏTÉ - Alors, voilà : c'est ta cousine qui vient te voir.

GHISLAINE - Quoi ? Quelle cousine ?

VOIX DE MAÏTÉ - Ben, Janine !

GHISLAINE - Oh non ! Maman, pas elle !

VOIX DE MAÏTÉ - Tu trouves pas que c'est gentil de sa part de venir te voir ?

GHISLAINE - Non, je trouve pas, non. Et puis, ça m'arrange pas, moi, surtout en ce moment ! T'aurais pu m'avertir avant, quand même ! Et elle arrive quand ?

VOIX DE MAÏTÉ - Oh ! ben, elle devrait pas tarder, elle a pris le train ce matin.

GHISLAINE - Dis-moi que c'est pas vrai !

VOIX DE MAÏTÉ - Ben, quoi ? Tu voulais quand même pas qu'elle vienne à pied, non ?!

GHISLAINE - Mais pourquoi c'est toujours sur moi que ça tombe, ce genre de galère ? Pourquoi il faut toujours que j'attire les cas sociaux, moi ?

VOIX DE MAÏTÉ - Ah non ! Ghislaine, tu exagères. Janine, elle est gentille.

GHISLAINE - Oui, c'est bien ce que je dis : elle est gentille...

VOIX DE MAÏTÉ - Pourtant, à une époque, vous étiez bonnes copines toutes les deux !

GHISLAINE - Ben, faut croire qu'on a changé d'époque ; et puis ça fait au moins quinze ans que je l'ai pas vue...

VOIX DE MAÏTÉ - Bon, j'espère que tu vas bien t'en occuper de ta cousine !

GHISLAINE - Oui, mais ne t'emballe pas trop vite, c'est juste pour un jour ou deux, on est bien d'accord ? Pas question qu'elle stagne sur mon canapé.

VOIX DE MAÏTÉ - Bon, j'ai mon foie gras sur le feu. Je te laisse et je t'embrasse.

GHISLAINE - Moi aussi je t'embrasse. Et au fait, maman...

VOIX DE MAÏTÉ - Oui, quoi ?

GHISLAINE - Merci !

VOIX DE MAÏTÉ - Mais de rien, ma grande. Quand t'as besoin, tu me demandes.

Ghislaine raccroche. Elle se sert un verre et s'installe à nouveau sur son canapé.
Puis, elle prend son portable et compose un numéro.

GHISLAINE *(sa voix devient très douce, presque langoureuse)* - Arnaud ? C'est Guylaine ! (…) Oui, j'ai pensé à toi toute la journée… J'ai même cru que tu m'appellerais ! (…) Je voulais simplement te dire que pour ce soir c'est un peu compromis, j'ai une cousine qui débarque de province, tu vois le genre… (…) Mais pour samedi, y a rien de changé. On est d'accord ? (…) Tu emmènes bien tes amis producteurs à dîner ? O.K. ? (…) Je vous attendrai vers huit heures. (…) Moi aussi, Arnaud. Bisous. À samedi…

> *Elle raccroche et met la musique en se servant d'une petite télécommande. Elle se détend.*
> *Un temps.*
> *On sonne à la porte. Elle va ouvrir : c'est Janine, sa cousine. Elle fait plusieurs allers-retours pour ramener tous ses bagages. Elle est habillée de façon voyante. Elle parle fort et avec l'accent.*

JANINE *(lui faisant une bonne demi-douzaine de bises tout en lui criant dans les oreilles)* - Oh là là ! Ma Ghislaine, je suis contente de te trouver ! J'avais peur que tu sois pas chez toi. Je me suis dit : ce serait con quand même qu'elle soit pas là alors que je suis venue exprès… *(Elle sort dans le couloir.)*

GHISLAINE - Tu aurais dû téléphoner.

JANINE *(revenant avec une valise)* - Justement, j'ai acheté un téléphone portable exprès pour l'occasion, mais comme une gourdasse que je suis, j'ai rien compris à la notice. *(Elle tire d'un de ses sacs un gros volume qu'elle lui met dans les mains. Puis, elle sort encore une fois dans le couloir…)*

GHISLAINE - Oui, bon… Mais, à ce moment-là, tu aurais dû appeler d'une cabine !

JANINE *(off)* - Quoi ?

GHISLAINE - Non, je dis que si tu m'avais appelée, j'aurais pu m'organiser et même venir te chercher.

Janine entre et dépose une valise.

JANINE - Oh! ça c'est gentil! Mais elle te l'a pas dit, tata Maïté, que je venais? Parce qu'à moi elle m'a dit qu'elle allait te téléphoner pour te le dire.

GHISLAINE - Si. Ma mère m'a téléphoné, mais j'ai eu qu'une partie du message et...

Janine sort à nouveau dans le couloir et revient immédiatement avec un gros panier qu'elle lui laisse sur les bras.

JANINE - Ça c'est pour toi, ma Ghislaine. C'est de la part de ta mère : du foie gras, du magret, des fritons... Que des bonnes choses, tu verras! *(Elle s'approche vraiment très près de sa Ghislaine.)* Je dois te dire que je t'en ai piqué un tout petit peu parce j'avais un peu faim dans le train. J'espère que tu m'en voudras pas.

GHISLAINE *(reculant discrètement)* - Non, non. Rassure-toi, je t'en veux pas. *(Elles sont debout, l'une en face de l'autre, sans trop savoir quoi dire.)* Je t'en prie, installe-toi, mets-toi à l'aise.

JANINE *(s'affalant sur le canapé)* - Merci. C'est vraiment gentil ce que tu fais pour moi. Qu'est-ce que t'es belle, ma Ghislaine! T'as pas tellement changé!

GHISLAINE - Un petit peu, quand même! On s'est pas vues depuis quinze ans!

JANINE - Purée! Je croyais pas que ça faisait si longtemps!... Bon, j'espère que je te dérange pas trop en venant chez toi.

GHISLAINE - Puisque tu en parles, justement, en ce moment, ça m'arrange pas tellement...

Reproduction Interdite

13

JANINE - Oh ! merci ! C'est vraiment gentil. Elle avait raison, ta mère : elle a dit que ça te dérangerait pas.

GHISLAINE - Si maman l'a dit, alors…

JANINE - Qu'est-ce que t'es belle ma Ghislaine ! Ta mère, elle, elle dit toujours que t'es trop maigre et que si tu continues à rien manger, tu vas devenir un vrai sac d'os. Mais moi je trouve pas. Je te trouve très belle. Surtout quand on te voit en vrai !

GHISLAINE - Merci. Ça fait toujours plaisir à entendre. *(Petit silence gêné.)* Excuse-moi… Je peux te poser une question, Janine ?

JANINE - Bien sûr, tout ce que tu veux, ma Ghislaine.

GHISLAINE *(désignant une cage où Janine a enfermé un poupon)* - Pourquoi tu as mis un… poupon dans la cage ?

JANINE - Ah ! ça ? C'est pas un poupon, c'est Ken ! C'est fait exprès pour avoir un petit copain et surtout pour le garder.

GHISLAINE - Ah oui ? C'est curieux !

JANINE - C'est un petit truc que je me suis inventé : le soir de la Saint-Valentin, à minuit pile, tu prends un Ken qui te plaît, tu le fais courir sept fois autour de la cage et hop ! tu le mets dedans. Voilà !

GHISLAINE - Et ça marche ?

JANINE - Non, mais ça coûte rien d'essayer ! T'es pas à l'abri de tomber sur le mec idéal !

GHISLAINE *(prenant Ken dans ses mains)* - Et c'est quoi, pour toi, le mec idéal ?

JANINE - Ben, pour moi, le mec idéal, c'est un mec qui veut bien de moi. Mais attention, je me laisse pas faire ! Tu vois, mon dernier petit copain, quand il m'a dit qu'il voulait plus me voir, ça a pas loupé : je l'ai quitté ! *(Petit silence. La gêne devient perceptible. Elles n'osent toujours pas se regarder.)* Hein ?

GHISLAINE - Non, je voulais juste…

JANINE - Quoi ?

GHISLAINE - Pardon ?

JANINE - Non, rien…

GHISLAINE - Tu allais dire quelque chose ?

JANINE - Non, toi d'abord. Moi j'allais encore dire une connerie !

GHISLAINE - On sait jamais. Je t'écoute. *(Elle s'approche comme pour une confidence.)*

JANINE - Voilà… Ils sont vachement beaux tes bijoux. Tu les as achetés où ?

GHISLAINE - Ah ! tu aimes ? C'est un petit créateur qui fait ça dans le XVIIe…

JANINE - Boudu con ! On dirait pas qu'ils sont si vieux !

GHISLAINE - Ah non ! Je parle de l'arrondissement, là, pas du siècle !

JANINE - Quand même, moi je trouve que c'était plus beau les trucs qu'ils faisaient avant, tu trouves pas ?

GHISLAINE - Oui, peut-être, mais là c'est…

JANINE - Et puis aussi, je voulais te dire que c'est très joli chez toi.

GHISLAINE - Merci.

JANINE - Je le pense vraiment. Et toi ?

GHISLAINE - Oui, je crois que c'est pas trop mal, mais je suis pas très contente de la couleur des murs, j'aurais préféré des tons plus chauds…

JANINE - Non, je voulais dire : et toi, qu'est-ce que tu voulais me dire ?

GHISLAINE - Ah oui !… Oh ! juste deux ou trois petites choses… Je sais pas si ma mère t'a prévenue, mais je pourrai t'héberger que quelques jours seulement parce que en ce moment c'est un peu compliqué…

JANINE - Oui, oui, tata Maïté me l'a dit. Ne t'inquiète pas, parce que moi, de mon côté, je me donne toute une semaine pour trouver un boulot et un appartement.

GHISLAINE - À Paris ? En une semaine ?

JANINE - Je préfère prévoir large, on sait jamais !

GHISLAINE - Oui, on sait jamais… Et puis, l'autre chose que je voulais te dire, c'est que ce week-end, j'ai organisé un dîner très important, ici, dans mon appartement, et je pensais que…

JANINE - C'est pas vrai ! Tu m'invites ?

GHISLAINE - C'est-à-dire pas vraiment, mais je peux pas faire autrement !

JANINE - C'est vraiment très sympa de ta part. Je suis à peine arrivée et toi, déjà, tu m'invites à dîner ! C'est vraiment sympa ce que tu fais pour moi, ma Ghislaine.

GHISLAINE - Non, « Guylaine », pas « Ghislaine » ; mon prénom, c'est Guylaine !

JANINE - T'as changé de prénom ? Comment t'as fait ?

GHISLAINE - J'ai pas changé de prénom. C'est juste qu'ici on prononce « Guylaine ».

Reproduction interdite

JANINE - Moi j'ai toujours rêvé de changer de prénom, parce Janine, entre nous, ça fait un peu nunuche, tu trouves pas ?

GHISLAINE - Faut voir…

JANINE - Moi j'ai pensé à un truc du genre Cynthia ou Jessica. C'est plus classe, non ?

GHISLAINE - Non… Enfin… Oui… Sûrement… Je sais pas, je m'y connais pas en prénoms classe. Bon, en tout cas, comme visiblement tu vas assister à ce dîner, il faut que tu saches que c'est très important pour moi. Je me suis donné beaucoup de mal pour le préparer, tu comprends ? Dans mon métier, c'est vital ce genre de rencontres. Ça peut être décisif pour lancer une carrière. Surtout quand on sait que souvent ça tient à rien : une bonne ambiance, un bon repas et tu peux décrocher un contrat.

JANINE - Tu m'étonnes !… T'as décidé comment t'allais t'habiller ?

GHISLAINE - Non, pas vraiment. C'est pas le plus important. Je verrai bien le moment venu.

JANINE - Ne dis pas ça ! Ça compte vachement l'impression qu'on fait sur les gens, surtout si c'est des gens importants ! Je peux te prêter une robe, si tu veux !

GHISLAINE - C'est gentil, mais… *(Elle la dévisage de haut en bas.)*… je crois que j'ai ce qu'il faut.

JANINE - Non, mais j'en ai des bien !

GHISLAINE - J'en suis sûre, mais je te promets que ça ira.

JANINE - Oh ! tu sais, moi, je dis ça pour aider…

GHISLAINE - Merci, mais ça va aller. *(Petit silence.)* Écoute, Janine, tu veux peut-être te mettre à l'aise, te reposer un petit peu, prendre une douche, tout ça…

JANINE - Oui. Je veux bien me laver les pieds et les cheveux, c'est les deux trucs qui me font le plus mal... enfin, je veux dire, surtout les pieds !

GHISLAINE - J'avais compris ! La salle de bains est là, fais comme chez toi.

JANINE - Merci, c'est vraiment gentil tout ce que tu fais pour moi.

GHISLAINE - Je t'en prie. *(Elle va dans la salle de bains avec Janine. Off.)* Tu as tout ce qu'il faut devant toi. Tu peux utiliser mon shampooing, si tu veux !

Ghislaine ressort de la salle de bains en petite tenue, mais toujours extravagante.

JANINE *(off)* - Non merci, je préfère prendre le mien parce que j'ai fait une couleur mais je me suis trompée dans le dosage et ça a complètement raté. *(Elle sort de la salle de bains avec une coiffure improbable.)* C'est que je peux être conne, moi, des fois !

GHISLAINE - Ne dis pas ça !

Janine retourne dans la salle de bains et parle fort.

JANINE *(off)* - Je me suis dit que comme je montais à la capitale, histoire de pas me faire remarquer j'allais me faire teindre en blonde.

GHISLAINE - À mon avis, t'avais pas besoin de ça.

JANINE *(off)* - Quoi ? Qu'est-ce que tu dis ? Je t'entends pas !

GHISLAINE *(fort)*- Non, je dis que tu es très jolie comme ça.

JANINE *(off)* - J'avais peur que tu me reconnaisses pas en blonde.

GHISLAINE - Ça, y a pas de danger ! Je t'aurais reconnue, de toute façon.

Janine revient de la salle de bains avec une serviette sur la tête, des pantoufles improbables et un peignoir aléatoire...

JANINE - Oh! merci, ça c'est gentil ma Ghislaine... euh... Guylaine, je veux dire.

Ghislaine se lève et se dirige vers la cuisine.

GHISLAINE - Tu veux boire quelque chose, Janine?

JANINE - Oh oui! Merci! Je veux bien un lait fraise, si tu en as et si tu veux bien.

GHISLAINE - Oui, je dois avoir ça, mais tu veux pas quelque chose de plus fort?

JANINE - Oh non! Tu sais, moi, sitôt que je bois une goutte d'alcool je me mets à dire des conneries. C'est plus fort que moi, je peux pas m'en empêcher.

GHISLAINE - Alors, va pour le lait fraise. Mais j'ai que du lait de soja, c'est pas grave?

JANINE - De Soja ou d'ailleurs, tant que c'est du lait...

GHISLAINE - Oui...

JANINE - En tout cas, merci, c'est vraiment gentil ce que tu fais pour moi!

GHISLAINE - Faut rien exagérer, c'est juste un peu de lait avec de la fraise.

JANINE - Oui, mais quand même!

Petit silence gêné.
Elles se regardent sans oser vraiment.

GHISLAINE - Tu... as trouvé facilement... pour venir jusqu'ici, je veux dire?

Reproduction Interdite

JANINE - J'ai pris le métro. Je suis sortie à une station qui donne sur la rue de Ravioli…

GHISLAINE - Non. « Rivoli » ! La rue de Rivoli.

JANINE - C'est ça ! Là, j'ai pris un taxi et je lui ai donné ton adresse.

GHISLAINE - Je vois. Il a dû te prendre pour une touriste, surtout avec ton accent !

JANINE - Quel accent ?

GHISLAINE - Euh… non, rien ! Il t'a fait payé cher ?

JANINE - Pas tellement : cinquante et quelques ! C'est moins cher que chez nous, à Fonsegrives.

GHISLAINE - Cinquante euros ?! T'appelles ça pas cher ?!

JANINE - Je sais pas, moi. Pourquoi, ça fait combien en francs ?

GHISLAINE - Attends ! Vous avez pas encore l'euro à Fonsegrives ?

JANINE - Bien sûr que si ! On a été parmi les premiers à l'avoir, même ! Mais c'est pas facile de comprendre comment ça marche.

GHISLAINE - Mais si, c'est facile ! Je vais t'expliquer, si tu veux.

JANINE - Oh ! beh c'est gentil ! D'accord, moi je veux bien.

GHISLAINE - Bien. Alors voilà…

JANINE - Je comprends pas.

GHISLAINE - Attends ! J'ai encore rien dit ! J'ai même pas commencé !

JANINE - Ah bon? Je croyais…

GHISLAINE - Bon, tu vas voir que c'est tout bête. Un euro est égal à six francs cinquante-cinq et des poussières. D'accord?

JANINE - D'accord, moi je veux bien!

GHISLAINE - Mais nous, on va dire six soixante. Je te fais cadeau des poussières.

JANINE - Oh! merci, ça c'est gentil!

Ghislaine observe un temps sa cousine, puis elle reprend son explication.

GHISLAINE - Autrement dit, si tu veux, pour obtenir le prix en francs, il suffit que tu multiplies le prix en euros par six virgule six.

JANINE - Je comprends pas.

GHISLAINE - Ou alors par sept. Si tu préfères, on peut multiplier par sept. C'est comme tu veux…

JANINE - Je sais pas, moi! C'est toi qui décides…

GHISLAINE - Alors, disons par sept! De toute façon, ça change pas grand-chose. Donc, tu prends par exemple le prix en euro du pain ou du journal et tu le multiplies par sept.

JANINE - Le pain, d'accord, mais le journal, moi…

GHISLAINE - Non, mais c'est pas grave, c'est juste un exemple!

JANINE - Ouais, mais il est faux ton exemple.

GHISLAINE - Et pourquoi ça?

JANINE - Parce que si tu veux, moi je peux te dire à quoi il me sert le journal.

GHISLAINE - Non, c'est pas la peine ! Je crois que je devine.

JANINE - Sauf s'il est gratuit. Là, des fois, je l'achète !

GHISLAINE - D'accord ! Si tu préfères, on garde juste l'exemple du pain !

JANINE - Là ouais ! Là, ton exemple, il est juste !

GHISLAINE - Tant mieux !

JANINE - Parce que le pain, je peux te dire que j'en bouffe, moi, du pain.

GHISLAINE - D'accord ! Bien. Donc, je te disais que...

JANINE - Devine combien j'en mange, moi, du pain !

GHISLAINE - Je sais pas, Janine. Je sais pas. J'essaie de t'expliquer un truc très important, là...

JANINE - Excuse-moi, Ghislaine. J'ai pas fait exprès...

GHISLAINE - Non, d'abord c'est « Guylaine », pas « Ghislaine », et puis ne t'excuse pas tout le temps comme ça, parce que ça a un petit peu tendance à m'agacer. D'accord ?

JANINE - D'accord ! Allez, devine combien j'en mange, moi, du pain !

GHISLAINE - Attends ! C'est pas la question !

JANINE - Attention, je te parle en baguettes par jour.

GHISLAINE - Je sais pas...

JANINE - Non, mais devine !

GHISLAINE - Je te dis que je sais pas...

JANINE - Eh beh, rien qu'au petit déjeuner, ça arrive que je tombe une baguette entière à moi toute seule !

Reproduction Interdite

GHISLAINE - C'est pas vrai?!

JANINE - Je te jure!

GHISLAINE - Incroyable!

JANINE - Je fais des trucs de dingue, moi, des fois! Qu'est-ce que tu crois?

GHISLAINE - Mais je commence à le croire… Bon, donc, je disais, tu prends un pain et tu le multiplies…

JANINE - Quoi?

GHISLAINE - Non, pas le pain, pardon, le prix! Tu prends le prix du pain en euro et tu le multiplies par sept.

JANINE - Pour quoi faire?

GHISLAINE - Pour trouver le prix en francs! C'est de ça qu'on parle, non?

JANINE - Ah ouais! C'est vrai! *(Elle réfléchit un court instant.)* Boudu con! Mais ça fait cher!

GHISLAINE - Oui, tu vois!

JANINE - Quand même!

GHISLAINE - Alors, tu vois que t'as compris! C'est pas si compliqué!

Janine réfléchit un court instant.

JANINE - Par combien, tu dis?

GHISLAINE - Par sept. Je dis sept.

JANINE - Par dix-sept? C'est cher…

GHISLAINE - Non pas dix-sept, juste sept sans le dix, sept.

JANINE - Cent dix-sept? Je trouve que ça fait beaucoup!

GHISLAINE *(marquant un temps pour l'observer)* - Ouais, moi aussi, là je trouve que ça fait beaucoup!

JANINE - J'arrive pas à le croire!

Petit silence.

GHISLAINE - Bon, on va faire autrement. Écoute : quand t'as zéro euro, t'as zéro franc! O.K.?

Petit temps de réflexion. Janine a soudain une révélation.

JANINE - Ah... En fait, c'est pareil!

GHISLAINE - Oui. Voilà. Pour toi, en tout cas, on va dire que c'est pareil!

JANINE - Tu sais, Ghislaine, j'aime bien discuter avec toi.

GHISLAINE - Et moi donc!

Un temps.

JANINE - Ça me fait plaisir. En plus, j'apprends des trucs et tout ça...

GHISLAINE - Tant mieux. *(Silence. Janine s'assied près de sa cousine et la dévisage longuement. Ghislaine est gênée.)* Qu'est-ce qui se passe? J'ai quelque chose sur la figure?

JANINE - Non, c'est juste que j'arrive pas à le croire. Je suis là, chez toi, à Paris...

GHISLAINE - Y a rien d'extraordinaire, tu sais. T'as pris le train, puis un taxi et voilà...

JANINE - Oh non! Mais tu te rends pas compte! C'est que pour nous, à Fonsegrives, t'es vraiment une star.

GHISLAINE - Attends, faut rien exagérer! J'ai joué dans deux petites pièces de théâtre en sept ans, sinon j'ai fait que des petits rôles dans des téléfilms et j'ai présenté le téléachat une fois par mois sur une chaîne câblée.

JANINE - Justement! Au village, on s'est abonné au câble exprès pour te voir : chaque fois que tu passes à la télé, on se réunit chez ta mère et dès que tu apparais c'est le délire.

GHISLAINE - Je te crois pas!

JANINE - Je te jure! Elle te l'a pas dit, tata Maïté?

GHISLAINE - C'est de la folie! Ça fait presque peur ce que tu me racontes...

JANINE - Je vois pas pourquoi. Les gens sont fiers de toi, c'est normal.

GHISLAINE - Mais moi je veux pas de tout ça! J'ai rien à prouver à personne. Je vis ma vie pour moi, c'est tout.

JANINE - Ça empêche pas. Moi aussi, je suis fière de toi, ma Ghislaine. *(Elle la dévisage encore.)* Si tu savais comment les gens te voient par chez nous... Ils s'imaginent que t'es toujours invitée à des cocktails dans les restaurants les plus chics de la capitale, que tu roules en voiture de sport et que tu passes ta vie dans les avions.

GHISLAINE - N'importe quoi! Je suis pas comme ça. J'ai pris l'avion une fois dans ma vie et j'ai été malade! Je bois jamais d'alcool. Le soir, je me fais une soupe ou une salade et je me couche tôt. Et puis, je préfère les transports en commun. J'évite tout ce qui peut engendrer de la pollution.

JANINE - Ah ouais? Sans déconner?

GHISLAINE - Oui. Sans déconner, comme tu dis. Désolée de te décevoir, Janine, mais je suis ce qu'on appelle une écolo convaincue.

Reproduction interdite

JANINE - Tu veux dire que t'es dans une secte, c'est ça ?

GHISLAINE - Dis pas de bêtises !

JANINE - Ben, quoi ? Y a beaucoup de stars qui sont dans des sectes : regarde Tom Cruise, Madonna, Travolta, tout ça…

GHISLAINE - D'abord, je suis pas une star ; et l'écologie, c'est pas une secte.

JANINE - Et c'est quoi alors ?

GHISLAINE - Être écolo c'est essayer de tout faire pour sauver la planète et remettre l'Homme en accord avec la nature. Être écolo, c'est avoir la conviction profonde qu'on peut changer le monde.

JANINE - C'est bien ce que je dis : c'est une secte.

GHISLAINE - Mais pas du tout ! L'écologie, c'est comme une sorte d'apprentissage de la vie, si tu veux. D'ailleurs, dans « écologie », y a le mot « école ».

JANINE - Ah ! ta gueule ! *(Elle se reprend aussitôt.)* Non, excuse-moi ! S'il te plaît, Ghislaine, excuse-moi ! Je voulais pas dire ça, je te jure. Ça m'a échappé ! Chaque fois que j'entends le mot « école », je peux plus me contrôler.

GHISLAINE - Ben dis donc ! Pour en arriver là, ça a dû te traumatiser !

JANINE - Ça, tu peux le dire ! Je l'ai jamais aimée, moi, l'école. Tous les jours, je m'inventais des maladies pour pas y aller. Les profs, quand ils me parlaient, je comprenais rien, c'était comme s'ils venaient d'une autre planète exprès pour me faire chier. En plus, on aurait dit qu'ils voulaient pas me lâcher : j'ai fait trois fois la sixième, trois fois la cinquième, trois fois la quatrième…

GHISLAINE - Je vois ! Ça va, tu peux t'arrêter, j'ai compris.

JANINE - À la fin, j'en pouvais plus ! Quand mes copines de classe jouaient à la poupée Barbie, je passais déjà mon permis ! Tu te rends compte ? Mets-toi à ma place !

GHISLAINE - J'aurais du mal ! Moi, je suis arrivée en terminale avec deux ans d'avance et j'ai enchaîné sur un bac plus cinq.

JANINE - Et moi, je suis restée à bac moins douze.

GHISLAINE - Ouais, pas mal… Mais tu sais, Janine, moi je te parle pas du tout de la même école. Là, tu vois, on parle de l'école de la vie. Le fait d'être en contact avec ce qui nous environne. D'ailleurs, dans « environnement », y a le mot « vie ». Tu l'entends ?

JANINE - Oui, c'est vrai !

GHISLAINE - Bien. Et y a le mot « envie », aussi !

JANINE - Ah oui !

GHISLAINE - L'envie de la vie, de la vraie vie ! Tu comprends ?

JANINE - Ouais. *(Elle réfléchit un court instant.)* Eh ! Y a « ronnement » aussi, hein ? Envi-ronnement !

GHISLAINE - Oui.

JANINE - J'ai pas raison ?

GHISLAINE - Si, si. C'est bien.

JANINE - Je l'ai trouvé toute seule !

GHISLAINE - C'est bien. Bravo. Bon, pour résumer, disons que pour moi, l'écologie, c'est une force qui est en nous et qui nous guide vers ce qui nous entoure.

JANINE - Où ça ?

GHISLAINE - Vers la nature, Janine ! Tu écoutes ce que je dis ?

JANINE - Oui, mais je comprends pas.

GHISLAINE - Attends, tu le sens pas, toi, l'appel de la nature ?

JANINE - Non, je sens rien, là… C'est parce que j'ai le nez bouché ! J'espère que je me suis pas chopé un rhume de cerveau !

GHISLAINE - Non, sois tranquille, de ce côté-là, tu risques rien.

JANINE - Tant mieux. Tu me rassures. *(Petit silence.)* Quand même, ma Ghislaine, je trouve des fois que tu te prends la tête pour des trucs qui sont pas si importants !

GHISLAINE - Parce que c'est pas important, pour toi, d'être en communion avec la nature ?

JANINE - Si, mais tu sais, à Fonsegrives, la nature y a que ça partout où tu vas ! J'étais tellement habituée à me réveiller avec le coq et à me coucher avec les poules, qu'à force j'avais peur qu'il me pousse des plumes. Tu comprends ? Moi, j'ai toujours su que j'étais faite pour la ville, mais alors, la grande ville ! C'est animé tout le temps. Et puis, y a les monuments, les tours avec plein d'étages, le bruit de la rue…

GHISLAINE - Arrête, s'il te plaît ! Ça me rend malade. Moi, justement, je peux plus supporter tous ces gens et tout ce vacarme. D'ailleurs, tu entends bien que dans « vacarme », il y a le mot « arme ».

JANINE - Ah ouais ! C'est vrai !

GHISLAINE - Non, je crois qu'à tout prendre, je préférerais encore vivre à l'époque des hommes préhistoriques avec ce bon vieux Néandertal ou Cro-Magnon.

Reproduction Interdite

JANINE - Le gros quoi ?

GHISLAINE - … Magnon… Cro-Magnon.

JANINE - Celui-là je le connais pas, mais l'autre oui.

GHISLAINE - Qui ça ? Néandertal ? Ça te dit quelque chose, à toi Néandertal ?

JANINE - Ouais ! C'est celui a racheté la vieille 2 CV à ta mère ?

GHISLAINE - Non, c'est pas lui, non. Ne dis pas n'importe quoi, s'il te plaît !

JANINE - Mais si ! Radouane Dertal, celui qui tient une épicerie à Ramonville !

GHISLAINE - Non, c'est pas lui. Laisse tomber… Crois-moi, Janine, laisse tomber… Bon, tu t'installes, tu fais comme chez toi…

JANINE - Oh ! ça, j'oserais jamais parce que chez moi je déballe tout par terre et je commence à trier mes affaires !

GHISLAINE - Alors tu fais comme chez moi, mais tu m'excuses, il faut absolument que je travaille.

JANINE - Je peux t'aider, si tu veux !

GHISLAINE - Non, ça je crois pas, non. Je passe une série de castings bientôt et j'ai une tonne de textes à apprendre !

JANINE - Si tu me dis ce qu'il faut faire, moi je veux bien t'aider !

GHISLAINE - Oui, bon, pourquoi pas après tout !

Ghislaine prend quelques feuilles dans un tiroir et les tend à Janine.

JANINE - Ghislaine, c'est quoi un casting ?

GHISLAINE - Ben, si tu veux, c'est… Comment dire ?… Tu apprends un rôle, on t'essaye et, si ça le fait, on te garde.

JANINE - Et si ça le fait pas, ça fait que tu l'as appris pour rien ?

GHISLAINE - C'est bien ça le problème.

JANINE - Et ça arrive souvent ?

GHISLAINE - Si tu savais ! Bon, tu me donnes la réplique ?

JANINE - La quoi ?

GHISLAINE - La réplique, c'est ce que tu dois dire ! Moi je dis le texte qui est souligné et toi tu vérifies que je le dis bien. D'accord ?

JANINE - Ah ! d'accord ! C'est facile…

GHISLAINE - En principe, oui. *(Elle se chauffe la voix.)* « Ma-meu-mi-mo-mu… Pa-peu-pi-po-pu… Ma-meu-mi-mo-mu… Pa-peu-pi-po-pu… »

JANINE *(tournant les feuilles dans tous les sens)* - C'est écrit où ça ?

GHISLAINE - Non, je prépare ma voix. On fait souvent ça au théâtre. « Dis donc de Dordogne ! Ton thé t'a-t-il ôté ta toux ?… Dis donc de Dordogne ! Ton thé t'a-t-il ôté ta toux ? » *(Regard inquiet de Janine.)* Ne t'inquiète pas, Janine, c'est juste des exercices pour chauffer les cordes vocales.

JANINE - Pourquoi ? Il fait pas froid ! Qu'est-ce que t'as besoin de te les chauffer, les cordes buccales ?

GHISLAINE - Bon, on y va ? Toi tu fais Alceste et moi Célimène. O.K. ?

JANINE *(riant)* - Ils ont des drôles de noms ceux-là ! C'est pas français, ça ! Si ?

GHISLAINE - Si, si, c'est Molière !

JANINE - Ah ?! Il est connu, lui, non ?

GHISLAINE - Un peu, oui !

JANINE - Je crois que je l'ai vu à la télé.

GHISLAINE - Ça, ça m'étonnerait !

JANINE - Mais si ! Chaque année, ils font une soirée sur lui, mais lui on le voit jamais.

GHISLAINE - Voilà, c'est lui !

JANINE - Moi je me rappelle, à l'école, on avait joué « Le Cidre » de Corbeille. Tu connais ?

GHISLAINE - Oui, sauf que c'est « Le Cid » de Corneille !

JANINE - Peut-être. On comprenait rien, mais on se marrait bien...

GHISLAINE - Bon, on y va ?

JANINE - Quand tu veux !

Ghislaine attaque gravement sa réplique, en en faisant des caisses.

GHISLAINE - « Ah !! Toi ici, en ce lieu, mais c'est à n'y point croire ! »

JANINE - Ça va pas, Ghislaine ? Tu t'es fait mal ?

GHISLAINE - Non, c'est dans le texte !

JANINE - Ah ! excuse !

Reproduction Interdite

GHISLAINE *(reprenant)* - « Mes égarements passagers m'ont fait craindre le pire pour le salut de ton âme et l'honneur de mon sire. »

JANINE *(tentant de l'imiter en criant encore plus fort)* - « Que n'ai-je tant souffert que point de tracas n'abuse. Et pour… » Putain, c'est difficile ! « … aussi tant de joie que… »

GHISLAINE - Non, attends, Janine, toi tu dois pas jouer. Toi tu te contentes de lire, d'accord ?

JANINE - Ah ! ben, je préfère, parce que c'est difficile…

GHISLAINE - Bon, on va laisser ça de côté et on va prendre un texte plus simple. *(Elle lui tend d'autres feuilles de papier.)* Ça c'est pour un sitcom… enfin, une série, si tu veux. Ça devrait aller !

JANINE - Génial ! Je les connais toutes, moi, les séries ! Demande-moi ce que tu veux sur n'importe quelle série !

GHISLAINE - Ça va aller, Janine !

JANINE - Tout ce que tu veux !

GHISLAINE - Je te dis que ça va !

JANINE - C'est pour quelle chaîne ?

GHISLAINE - Je sais pas ! C'est un pilote.

JANINE - Ah oui ! Le truc des hélicoptères, là ? C'est bien, ça ! Une femme pilote, en plus ! Il doit y avoir de l'action et tout !

GHISLAINE - Non ! Un pilote, c'est une émission qui n'est pas encore diffusée ! *(Regard perplexe de Janine.)* Ça fait rien, je t'expliquerai ! Bon, t'es prête ? On commence en bas de la page. Tu es Samantha, je suis Jessica. C'est moi qui démarre. « Samantha, tu crois vraiment que Steeve est amoureux de moi ? »

JANINE - « Oh ! oui, Jessica ! Tu peux me croire, il me l'a dit. » Oh ! putain, j'adore ! Tu vois, ça, je comprends bien !

GHISLAINE - Oui, bon, on continue. « Mais que t'a-t-il dit, au juste ? »

JANINE - « Qu'il voulait un enfant de toi ! »

GHISLAINE - « Quoi ? »

JANINE - « Qu'il voulait un enfant de toi ! »

GHISLAINE - « Quoi ? »

JANINE - « Qu'il voulait un enfant de toi ! »

GHISLAINE - « Quoi ? »

JANINE - « Qu'il voulait... »

GHISLAINE - Tourne la page !

JANINE - Ah ! pardon, excuse ! Je suis conne, moi, des fois ! *(Regard sévère de Ghislaine. Elle lui fait signe de poursuivre.)* « Et il a ajouté : ce serait le plus beau cadeau que la vie pourrait lui faire. » C'est beau, putain !

GHISLAINE - « J'ai tellement peur de m'engager, tu sais ! »

JANINE - « Tu penses encore à Mike ? »

GHISLAINE - « Oui, parfois ! »

JANINE - « Mais Mike aussi n'attend qu'un mot de toi ! »

GHISLAINE - « Tu crois ? »

JANINE - Oh oui ! J'te jure !

GHISLAINE - C'est marqué, ça ?

JANINE - Non, c'est moi qui l'ai rajouté !

GHISLAINE - Tu rajoutes rien. Tu dis juste le texte !

JANINE - Pardon !

GHISLAINE - On reprend. « Tu crois ? »

JANINE - « Oh oui ! » C'est tout.

GHISLAINE - Non. Le « c'est tout » non plus, tu le dis pas. Juste le texte, c'est pas compliqué !

JANINE - Pardon !

Petit silence.

GHISLAINE - C'est encore à toi !

JANINE - Excuse… « Il faut que tu te décides, Ghislaine »… euh… Jessica, je veux dire.

GHISLAINE - « Je sais, mais… » *(Petite hésitation.)*

JANINE *(lui soufflant)* - « Melvin… »

GHISLAINE - « Melvin m'a laissé un message hier ! »

JANINE - Bravo ! Pour l'instant, t'as tout juste ! « Encore ?! Que t'as t… Que t'as tli… Que tal ti… Qu'est-ce qu'il t'a dit ? »

GHISLAINE - « Qu'il voulait un enfant de moi. »

JANINE - « Oh ! ce serait bien de lui faire un petit singe ! »

GHISLAINE - Quoi ?

JANINE - « Un petit signe ! » Pardon, j'ai mal lu…

GHISLAINE - « Tu sais, Samantha, c'est si dur d'avoir le choix ! » Voilà !

JANINE - Comment c'est beau !

GHISLAINE - Tu aimes ?

JANINE - Attends, mais tu rigoles ? C'est magnifique ! T'es vraiment bien dans ce rôle. Alors là, s'ils te prennent pas, je comprends pas ! On le refait ?

Reproduction interdite

GHISLAINE - Pas tout de suite, on va manger un morceau d'abord ! Tu as certainement faim ! Tu veux quoi ? Une soupe ou une salade ?

JANINE - Moi, je préfèrerais du canard ! J'ai une idée : je vais te faire ma grande spécialité.

Sans attendre de réponse, Janine prend son panier et file à la cuisine.

GHISLAINE - Attends, attends ! C'est quoi ta grande spécialité ?

JANINE *(off)* - Un magret bien épais avec des pommes de terre sautées à l'ail de Garonne. *(Elle passe seulement la tête par la porte.)* Tu vas te régaler !

GHISLAINE - Oh non ! Pitié ! Quelle horreur !

Janine revient de la cuisine avec un plat entre les mains.

JANINE - Quoi ? Qu'est-ce que j'ai dit ?

GHISLAINE - T'appelles ça un délice, toi ? Fais voir… *(Elle regarde le contenu du plat que tient Janine. Elle a une réaction de recul.)* Attends, Janine, tu vas pas manger ça ?!

JANINE - Ben, si ! Pourquoi ?

GHISLAINE - Parce que c'est plein de graisses saturées là-dedans !

JANINE - Des quoi ?

GHISLAINE - Des graisses saturées.

JANINE - Ah non ! C'est pas gras, c'est du canard.

GHISLAINE - Tu parles ! Moi, tu me feras jamais manger ça. Autant se suicider tout de suite en ouvrant le gaz !

JANINE - Tu crois ?

GHISLAINE - Non, je crois pas, je suis sûre. C'est tellement bourré de lipides et de protides ton truc que ça te fait grimper ton taux de cholestérol en flèche, sans parler de la tension artérielle.

JANINE - Aïe ! Je crois que je me sens pas bien, là, Ghislaine…

GHISLAINE - C'est normal ! Et puis, y a pas que la malbouffe !

JANINE - Ah bon ?

GHISLAINE - Y a aussi le stress, la contamination de la vie moderne, la pollution du corps et de l'esprit par les gaz d'échappement, la télévision et la publicité.

JANINE - Ah non ! Moi, c'est pas ça ! Si je me sens pas bien c'est parce que j'ai rien mangé…

GHISLAINE - Ne crois pas ça, c'est tout le contraire. Tu es comme la plupart des gens : tu manges trop et mal.

JANINE - Pourtant, je fais attention quand même.

GHISLAINE - Mais ne t'inquiète pas, je suis là. Je vais t'aider à sortir de toi-même. Tu dois absolument aller à la recherche de l'autre toi.

JANINE - Quoi ? Je dois aller où ?

GHISLAINE - Cours à la rencontre de l'être que tu es et que tu ignores. C'est la seule voie.

JANINE - Oh non ! Ghislaine, tu vas pas recommencer ? Quand tu parles comme ça, je comprends rien à ce que tu dis !

GHISLAINE - C'est pas grave. Tu n'es pas encore prête pour ça. Je t'expliquerai plus tard. En attendant, je vais te faire une vraie salade diététique. Ça va te faire le plus grand bien. Et puis tu dormiras ici, sur le canapé. C'est un clic-clac mais il est assez confortable, tu verras.

Ghislaine va en cuisine.

JANINE - Quelque chose me dit qu'on va pas s'emmerder !

GHISLAINE *(off)* - Qu'est-ce que tu dis ? Je t'entends pas.

JANINE *(portant la voix)* - Non, je dis qu'on va bien se régaler !

Regard désenchanté de Janine face au public.

NOIR

TABLEAU 2

Au retour de la lumière, on est dans la scène de l'avant dîner.
Les deux cousines ont passé quelques jours ensemble ; leur
attitude est un peu plus familière.
Ghislaine est en tenue de sport, style jogging. Elle est en
train de faire des exercices d'assouplissement sur un tapis.
Janine, en femme de ménage, entre avec un aspirateur.

JANINE - Mais qu'est-ce que tu fais là à te rouler par terre ?
Tu crois vraiment que c'est le moment de t'amuser ? En plus,
j'ai même pas encore passé l'aspirateur !

GHISLAINE - Je te signale que je fais pas n'importe quoi, là,
Janine ! Je fais des exercices d'assouplissement de la méthode
Stanislavski. C'est spécialement étudié pour réveiller le corps.

JANINE - C'est ça, ouais ! Et pour te réveiller, toi tu te couches
par terre ?

Ghislaine se lève et va dans la chambre pour se changer pendant
que Janine passe l'aspirateur. Puis, elle revient rapidement
dans le salon. Elle est habillée de façon sobre et élégante et
articule ses exercices vocaux en faisant de grands gestes sous
le regard de Janine.

GHISLAINE - « Les chaussettes de l'Archiduchesse sont-
elles sèches et archisèches ? Les chaussettes de l'Archiduchesse
sont-elles sèches et archisèches ? »

JANINE - Les quoi?

GHISLAINE - Les chaussettes de l'Archiduchesse... Je parie que t'es pas capable de le dire en une fois sans te tromper.

JANINE - Pour quoi faire? Moi, si mes chaussettes sont mouillées, j'ai pas besoin de le crier sur les toits.

GHISLAINE - Je te l'ai déjà expliqué : je me prépare à pouvoir porter la voix.

JANINE - Où ça? *(Regard de Ghislaine.)* Ah oui! Je me rappelle : tu te chauffes les cordes buccales pour bien articuler! Mais pourquoi tu fais tout ça?

GHISLAINE - Ben, s'ils me demandent de faire un bout d'essai, comme ça je serai pas prise au dépourvu, tu comprends?

JANINE - Bon, je fais quoi, moi, en attendant?

GHISLAINE - Laisse tomber le ménage. De toute façon, on n'a plus le temps. Alors va plutôt te préparer pendant que je mets la table; Arnaud et ses amis ne vont pas tarder à arriver. *(Janine va se préparer. Ghislaine dresse la table au milieu de la pièce. Elle fait plusieurs allers et retours entre la cuisine et le salon pour apporter les assiettes, les verres et les couverts.)* Janine, tu es prête?

JANINE *(off)* - Une petite minute! J'ai presque fini!

> *Ghislaine allume des bougies, ajoute des fleurs, met de la musique d'ambiance, sans oublier de tamiser la lumière.*

GHISLAINE - Janine! Les invités vont arriver. *(Petit silence.)* Bon, tu te montres maintenant?

JANINE *(off)* - Juste une petite minute!

GHISLAINE - Dis donc, elles sont longues, chez toi, les minutes! *(Un temps.)* Dis, tu m'entends? Je te demande si tu es prête!

Reproduction Interdite

40

JANINE *(off)* - Je crois que oui.

GHISLAINE - Alors, tu sors de là maintenant !!!

Janine apparaît timidement.
Elle est habillée de façon encore plus extravagante, limite ridicule.
Ghislaine a du mal à retenir son rire.

JANINE - Tu trouves que c'est trop ? C'est ça ?

GHISLAINE - Ben, on peut difficilement faire plus. Ça se vend, ça ?

JANINE - Attends ! Cette robe, je l'ai achetée dans un magasin qui s'appelle : « Au Vrai Chic Parisien » !

GHISLAINE - Où ça ? À Fonsegrives ?

JANINE - Ben oui !

GHISLAINE - C'est bien ça le problème.

Petit silence.

JANINE - T'aimes pas ? C'est ça ?

GHISLAINE - Non... Si... Enfin... C'est difficile à dire... J'aime bien tes chaussures ! *(Petit silence. Janine fait un peu la tête.)* Écoute, va plutôt mettre une de mes robes, tu veux bien ?

JANINE - C'est-à-dire que je voulais faire de mon mieux.

GHISLAINE - Oui, je sais, mais parfois le mieux est l'ennemi du bien.

JANINE - Ça veut dire quoi, ça ?

GHISLAINE - Rien. Ne te vexe pas, Janine, mais là on va essayer de rester sobre, d'accord ?

JANINE - Oui, Ghislaine, c'est d'accord. Je ferai comme tu veux.

GHISLAINE - Bien. Alors, dans ce cas, tu prends une de mes robes. Je les ai toutes sorties, elles sont sur mon lit.

JANINE - Tu crois ?

GHISLAINE - Puisque je te le dis ! Vas-y, ça me fait plaisir.

JANINE - Merci ma Ghislaine.

GHISLAINE - Guylaine !

JANINE - C'est gentil ce que tu fais pour moi.

GHISLAINE - Oui, ça on commence à le savoir. *(Janine sort. Le téléphone sonne dans la chambre.)* Janine ! Janine ! J'ai oublié mon portable dans la chambre, tu veux bien décrocher et me le passer, s'il te plaît ? C'est sûrement Arnaud ! *(Le téléphone sonne encore. Pas de réaction de Janine.)* Janine, tu veux bien répondre ? J'ai les mains occupées, là ! *(Le téléphone continue de sonner.)* Janine !

> *Pas de réponse de Janine. Le téléphone sonne toujours. Lorsqu'il s'arrête de sonner, Janine apparaît avec une serviette qui la recouvre de la poitrine jusqu'à mi-cuisses. Elle a le téléphone de Ghislaine entre les mains et le lui tend.*

GHISLAINE - Mais pourquoi t'as pas décroché ?

JANINE - J'ai pas osé.

GHISLAINE - Mais puisque c'est moi qui te le demandais… C'est malin ! Et si c'était Arnaud qui m'appelait ?

JANINE - Justement, ça m'aurait gênée encore plus !

GHISLAINE - Pourquoi ?

JANINE - Parce que j'étais toute nue, tiens !

GHISLAINE - Et alors ?

JANINE - Attends, ça me gêne. On se connaît pas…

GHISLAINE - Mais lui il le sait pas que tu es toute nue !

JANINE - Oui, mais moi je le sais !

GHISLAINE - Mais puisqu'il est au téléphone, il peut pas te voir, donc il peut pas le savoir.

JANINE - Oui, mais quand même… Ça se fait pas.

GHISLAINE - N'importe quoi ! Bon, passe-moi le téléphone, je vais voir qui a appelé. *(Elle manipule le téléphone. Elle paraît déçue.)* Oh non ! C'est ma mère !

JANINE - Tata Maïté ? Tu devrais la rappeler, peut-être qu'elle veut te dire quelque chose d'important.

GHISLAINE - Elle a toujours quelque chose d'important à me dire, ma mère… Tout ce qu'elle dit, c'est toujours important… Et toi, va t'habiller ! *(Janine obéit. Ghislaine rappelle sa mère.)* Allô ! Maman ?

VOIX DE MAÏTÉ - Allô ! C'est toi ma grande ?

GHISLAINE - Oui, maman. C'est moi, c'est Guylaine !

VOIX DE MAÏTÉ - Comment ?

GHISLAINE - Enfin… Ghislaine, quoi ! Tu m'as appelée ?

VOIX DE MAÏTÉ - Oui, je voulais savoir comment ça allait !

GHISLAINE - Ben, ça va…

VOIX DE MAÏTÉ - Tu manges bien, au moins ?

GHISLAINE - Je te dis que ça va !

VOIX DE MAÏTÉ - Et alors ? Comment ça s'est passé ton dîner ?

Reproduction interdite

GHISLAINE - Je te dirai comment ça s'est passé quand ce sera passé.

VOIX DE MAÏTÉ - Et Janine, comment elle va ? Elle s'habitue un peu à la vie parisienne ?

GHISLAINE - Ça, y a pas de problème. Elle s'est tellement habituée que maintenant c'est moi qui ai l'impression d'habiter chez elle !

VOIX DE MAÏTÉ - Tu me la passes un petit peu ?

JANINE *(passant la tête par l'entrebâillement de la porte)* - Oh oui ! Moi aussi, je veux lui parler à tata Maïté !

GHISLAINE - Non, pas question ! Vous allez encore me bloquer la ligne toute la soirée et les invités vont pas tarder. D'ailleurs, je vais enlever le haut-parleur comme ça vous serez pas tentées. *(Elle continue sa conversation sans qu'on entende son interlocutrice.)* Oui, maman, moi aussi, oui. (…) Oui, j'embrasse Janine de ta part. (…) Oui, d'accord. (…) Non, maman… Là, j'ai pas le temps. (…) Oui, je te raconterai. (…) Oui, d'accord. (…) Mais bien sûr… (…) Moi aussi, mais… (…) Oui… Bon, je… (…) Oui… Là, maman, je dois raccrocher… (…) Oui, d'accord, maman, je sais : quand j'ai besoin, je te demande. *(Elle raccroche. Silence. Elle prend son téléphone portable et compose un numéro. Sa voix redevient douce et langoureuse.)* Arnaud ? (…) C'est Guylaine ! (…) Oui, vous êtes sur la route, j'espère ? (…) Comment ? (…) Mais on avait dit huit heures ! (…) Ah ! si, c'est ce qu'on avait dit ! C'est-à-dire que nous on est prêtes pour vous recevoir… (…) Comment, « qui ça, nous » ? *(Elle baisse un peu la voix.)* Ben, moi et ma cousine qui a débarqué de province… (…) Mais si, je t'en ai parlé. On est là, on vous attend, O.K. ? (…) Moi aussi, Arnaud, je t'embrasse. À tout de suite… Allô !… *(Elle raccroche le téléphone et met de la musique. Puis, parlant fort en direction de la chambre.)* Janine !… Alors, Janine, t'en es où ? Tu es prête ?

JANINE *(off)* - Oui.

GHISLAINE - Ben, alors, montre-toi.

JANINE *(off)* - Non, je veux pas. Tu vas encore te moquer de moi.

GHISLAINE - Mais non, écoute, et puis j'ai pas que ça à faire. Il faut que tu viennes m'aider, les invités vont pas tarder. *(Un temps.)* Alors ? C'est pour aujourd'hui ou pour…

Janine fait son entrée sur la musique qui s'y prête et qu'on entend toujours. Cette fois, elle a une robe moulante qui lui va comme un gant. Elle n'est plus du tout ridicule, mais au contraire très sexy et très élégante.
Un temps.
Ghislaine, presque aussi gênée qu'elle de la voir si belle, arrête la musique.

GHISLAINE - Tu peux aller chercher la salade dans la cuisine, s'il te plaît ?

Janine obtempère et revient aussitôt avec un grand plat entre les mains.

JANINE - Ça te plaît pas, c'est ça ?

GHISLAINE - Si, si, c'est pas mal. Tu peux poser ça là, s'il te plaît et tu vas me chercher les deux bouteilles de vin près de l'évier.

Janine obéit sagement et revient aussitôt avec les bouteilles à la main.

JANINE - Si tu veux, je peux mettre une autre robe. Celle-là est peut-être un peu…

GHISLAINE - Mais non, elle est très bien. Tu peux m'attraper le tire-bouchon, s'il te plaît ?

Janine va à la cuisine et revient avec le tire-bouchon.
Ghislaine essaie de s'en servir, mais on voit qu'elle n'a pas l'habitude.
Janine lui prend des mains et glisse la bouteille entre ses cuisses pour la débouchonner, ce qui a pour effet d'augmenter l'effet moulant de la petite robe.

JANINE - Elle est pas trop serrée?

GHISLAINE - Quoi? La bouteille?

JANINE - Non, je parlais de la robe…

GHISLAINE - Bon, ça va! On va pas en parler cent sept ans de cette robe, non? Puisque je te dis qu'elle te va très bien, c'est qu'elle te va très bien. *(Elle la regarde un court instant.)* Elle te va même mieux qu'à moi, si tu veux savoir.

JANINE - Merci, Ghislaine, c'est gentil ce que tu fais pour moi.

GHISLAINE - Ouais, je vais finir par le croire… Et puis, de toute façon, t'as pas le temps de te changer, les invités vont arriver. Alors, tu t'assoies là et tu ne bouges pas.

JANINE - Est-ce que je peux aller me brosser les dents?

GHISLAINE - Oui, bien sûr que tu peux aller te brosser les dents. Faut pas te croire obligée de me demander la permission pour chaque chose que tu fais, tu sais!

JANINE - C'est parce que je voudrais aussi t'emprunter un peu de dentifrice.

GHISLAINE - Écoute, Janine, arrête de me dire tout le temps que tu « m'empruntes » un peu de dentifrice. Tu me dis ça tous les soirs. Prends-en et puis c'est tout!

JANINE - Ah non! Mais si je te dis ça c'est parce j'ai l'intention de te le rendre!

Reproduction Interdite

46

GHISLAINE - Ne dis pas de bêtises ! Comment tu vas faire pour me le rendre ? Tu vas en prendre un petit peu de ton tube pour en mettre un petit peu dans le mien ?

JANINE - Ben, oui, je l'ai déjà fait !

GHISLAINE - Bon, c'est pas grave. Fais comme tu veux, mais dépêche-toi surtout.

Janine va à la salle de bains.

JANINE *(off)* - Au fait !

GHISLAINE - Oui ? Quoi encore ?

JANINE *(off)* - Je voulais te dire que je t'ai emprunté une culotte, ce matin… *(Ghislaine lève les yeux au ciel.)*… mais je crois qu'il manque du tissu derrière. Elle a dû se déchirer, mais c'est pas moi, je te jure !

GHISLAINE - Non, je sais, c'est normal. C'est pas déchiré, ça se porte comme ça.

JANINE *(off)* - Ça, ça m'étonnerait, y a une ficelle qui te rentre dans le…

GHISLAINE - C'est normal, je te dis ! C'est un string. Et « string », justement, ça veut dire « ficelle » en anglais.

Janine revient de la salle de bains.

JANINE - Ils sont fous ces Anglais !

Ghislaine regarde sa cousine d'un air dépité, puis elle la prend par les épaules et l'installe d'autorité sur une chaise.

GHISLAINE - Bon, maintenant, tu t'installes là, tu bouges pas et tu me laisses faire. D'accord ? Je m'occupe de tout.

Ghislaine fait un dernier tour d'horizon pour vérifier que tout est en place, qu'il ne manque rien sur la table. Puis, elle met de la musique douce et vient s'asseoir à côté de Janine.

Ghislaine se décide à prendre son portable et compose un numéro.
Au bout d'un instant, elle raccroche.
Long silence pendant lequel un jeu s'installe entre Janine qui picore discrètement des pétales de maïs et Ghislaine qui l'observe et qui désapprouve.
Malgré les regards appuyés de Ghislaine, Janine continue « discrètement » son manège.

GHISLAINE - Bon, t'as fini, oui?!

JANINE - Quoi?

GHISLAINE - Tu vas te gaver de pétales de maïs et après t'auras plus faim!

JANINE - Ça, ça risque pas!

GHISLAINE - Je vois pas pourquoi tu dis ça. Retiens bien une chose, Janine : nous sommes ce que nous mangeons.

JANINE - Quoi?

GHISLAINE - Là, tu vois, j'ai préparé un repas sain et naturel.

JANINE - Tu trouves?

GHISLAINE - Ben oui! Des galettes d'orge et de sarrasin : ça c'est pour le côté hydrates de carbone.

JANINE - Super!

GHISLAINE - Une salade de soja aux germes de blé : c'est plein de vitamines et de fibres.

JANINE - Génial!

GHISLAINE - Un gratin de céleri à l'huile de pépins de raisin : c'est bourré d'oligo-éléments. Et pour finir, un gâteau d'avoine à la confiture de coings : y a des glucides et du saccharose…

JANINE - Du sac à quoi ?

GHISLAINE - Rien. C'est que des bonnes choses !

JANINE - Des bonnes choses ? Je savais même pas que ça se mangeait, moi, tous les trucs que tu viens de dire.

GHISLAINE - Bien sûr que ça se mange ! Et c'est même très bon pour la santé.

JANINE - Tu fais bien de me le dire parce que ça se voit pas. Tu vois, tes galettes, là, on dirait des morceaux de polystyrène. Et ta salade, elle, elle m'a pas l'air en forme.

GHISLAINE - Ne dis pas n'importe quoi ! C'est une salade qui vient directement de la terre.

JANINE - C'est pour ça qu'elle a cette gueule ? Peut-être ça aurait été bien de la laver avant…

GHISLAINE - Je sais très bien ce que tu essayes de me dire, mais c'est hors de question, tu m'entends ? Si on t'écoute, on va finir par manger du canard à tous les repas ! Tu sais, Janine, y a pas que le canard dans la vie !

JANINE - Je le sais. Y a aussi du poulet fermier, de l'oie, de la pintade…

GHISLAINE - Tu sais très bien ce que je veux dire. Ne te fais pas plus bête que tu n'es. Je commence à te connaître, tu sais.

JANINE - Oui, ben ça fait une semaine que je suis là et ça fait une semaine que j'ai faim ! D'ailleurs, je crois que j'ai jamais eu aussi faim de ma vie.

GHISLAINE - T'as pas l'impression d'exagérer, là ? À t'entendre, on croirait que je te maltraite.

JANINE - C'est pas loin ! Parce que tous les trucs que tu me fais manger depuis que je suis chez toi, tu dis que c'est bon

49

Reproduction Interdite

pour la santé, mais moi j'ai l'impression que je mange rien. Je me sens faible. Ghislaine, je veux voir un docteur…

GHISLAINE - Bon, ça suffit maintenant ! Tu crois pas que t'en fais trop ?

JANINE - Non. J'en ai marre de ta bouffe bio ! C'est bidon ! Voilà. Ça faisait longtemps que je voulais te le dire. Et aussi, ça m'étonne pas si tes amis ils se font prier pour venir manger chez toi !

GHISLAINE - Qu'est-ce que tu veux dire ?

JANINE - Rien.

GHISLAINE - Ah ! ça y est ! Alors, on n'en peut plus, hein ? Oh ! je savais bien que tu finirais par craquer un jour ! Mais comme ça, là, si vite, quand même ! Je suis déçue, Janine ! Mais je suis déçue…

JANINE - Mais on n'en fait jamais assez avec toi… Eh beh, moi, j'en ai marre, voilà ! Je bois plus que de l'eau. Je mange que des algues et des légumes non traités. La viande, c'est même pas la peine d'y penser. Tu m'as obligée à apprendre par cœur la liste des protides, des lipides, des glucides… Mais maintenant, j'en peux plus, moi. J'ai la dalle, tu comprends ? J'ai pas envie de manger, j'ai envie de bâfrer ! Je rêve de merguez grillées avec des frites bien épaisses et trempées dans du beurre. Je veux me déchirer le ventre et péter de bonheur !

Ghislaine accuse le coup. Elle observe Janine en essayant de se donner une contenance.

GHISLAINE - Tu vois, Janine, tout ça, finalement, ça ne m'étonne pas ! Le bien-être, ça se mérite.

JANINE - Oui, ben, on va dire que moi je le mérite pas, voilà.

GHISLAINE - En effet, je crois que tu n'es pas prête pour ça. Tu es encore à l'état embryonnaire.

JANINE - Quoi ?!

GHISLAINE - Ça me paraît clair. Tu te rends même pas compte du bonheur que ce serait de respirer de l'air pur.

JANINE - Mais j'en ai respiré toute ma vie, moi, de l'air pur, et ça m'avance à quoi ? Dis-toi bien que si je suis venue à Paris, c'est pas pour l'air pur : c'est pour trouver du travail... Même si pour ça je dois respirer les gaz d'échappement... Surtout le diesel ! Parce qu'il faut que je te dise une chose, cousine : j'ai toujours aimé le diesel !

GHISLAINE - Arrête ! Tu es obscène !

Ghislaine se lève de table, Janine la suit.

JANINE - Je veux pas te faire de peine, ma Ghislaine, mais en vérité, je déteste la campagne...

GHISLAINE - Tais-toi, s'il te plaît ! Tu ne sais plus ce que tu dis !

Ghislaine s'éloigne encore.
Janine la poursuit toujours.

JANINE - Non, c'est vrai ! Ça me déprime, moi, la campagne. Tu vois, les oiseaux, quand ils chantent, ils me font chier ! J'ai envie de les fumer à coup de chevrotine, de les plumer et de me les faire griller.

GHISLAINE - N'en dis pas plus ! Je veux pas en entendre davantage !

JANINE - La verdure, le silence, tout ça... Je peux pas ! C'est trop, tu comprends ? Moi, il me faut du béton et des bagnoles... C'est bien simple : si j'avais pas quitté mon village, je serais devenue folle !

GHISLAINE - C'est malheureux !

JANINE - Non, moi je suis pas malheureuse d'être à Paris, c'est tout le contraire.

GHISLAINE - C'est clair ! J'ai dû me tromper sur ton compte, c'est tout !

JANINE - Ou alors c'est sur toi-même que tu t'es trompée, Ghislaine. Regarde-toi dans une glace. Même ta mère, elle te reconnaîtrait pas tellement t'as changé. Parce que faut dire qu'y a pas que ton prénom que t'as changé !

GHISLAINE - Attends, je fais rien de mal. Je me contente de suivre ma route.

Ghislaine revient s'asseoir à table, Janine à sa suite.

JANINE - C'est bien. Mais sans moi, d'accord ?

GHISLAINE - Ouh là ! C'est d'accord ! O.K. ! Là, j'ai bien compris !

JANINE - Tant mieux !

GHISLAINE - Ah non ! Mais ne t'inquiète pas, je risque plus de t'ennuyer avec mes « conneries », comme tu dis…

JANINE - Je demande que ça…

GHISLAINE - Bien.

JANINE - Ouais !

GHISLAINE - Voilà.

JANINE - Voilà ! *(Petit silence. Elles boudent toutes les deux.)* Parce que quand même, moi, là…

GHISLAINE - Quoi ?

JANINE - Hein ?

Reproduction Interdite

52

GHISLAINE - Non, je dis : « Quoi ? »

JANINE - Non, rien.

Petit silence.
Ghislaine reprend son portable et compose un numéro. L'instant d'après, elle raccroche.
Long silence.

GHISLAINE - Bon, Janine, il faut que je te dise une chose… Ça fait une semaine que tu habites chez moi, je te chasse pas, mais il devient évident que tu n'as plus grand-chose à faire ici.

JANINE - Hein ?

GHISLAINE - Tu vois bien que c'est plus tellement utile que tu restes ici, maintenant…

JANINE - Boudu con ! Tu m'as fait peur ! Je me suis dit : elle veut quand même pas que je m'en aille ?

GHISLAINE - Pas forcément tout de suite, mais…

JANINE - Ah ! d'accord, tu me rassures ! Un moment, j'ai cru que tu voulais que je parte.

Long silence.
Ghislaine se sert machinalement un petit verre, ainsi qu'à Janine, puis elle prend son portable et compose un numéro. On la sent nerveuse.
Janine, elle, est calme. Simplement elle a faim et, chaque fois que Ghislaine a le dos tourné, elle en profite pour picorer des pétales de maïs.

GHISLAINE *(voix langoureuse comme pour ne laisser rien paraître)* - Oui, Arnaud, c'est moi. C'est Guylaine. J'espère qu'il y a pas de souci, mon chéri. Ça fait plusieurs fois que je t'appelle et je tombe toujours sur ta messagerie. T'as dû oublier de rallumer ton portable ou alors t'as plus de batterie.

On avait rendez-vous à vingt heures, il est presque vingt-deux heures et on vous attend toujours. Voilà. Si tu as ce message, rappelle-moi, sinon à tout de suite ! Bisous... *(Elle raccroche.)*

Silence.

JANINE - Tu le connais bien ce Arnaud ? *(Ghislaine ne répond pas.)* Hein, Ghislaine ? *(Ghislaine ne répond pas.)* C'est un ami à toi ? Enfin, je veux dire... c'est ton petit copain, c'est ça ?

GHISLAINE - Écoute, Janine, j'ai pas envie d'en parler, d'accord ? Et même si j'en avais envie, c'est certainement pas à toi que j'en parlerais. Alors, s'il te plaît, tu me poses pas de questions ! O.K. ? Merci.

JANINE - D'accord, Ghislaine... Je te demande pardon.

GHISLAINE - Non, « Guylaine » ! Je te l'ai déjà dit, il me semble.

JANINE - C'est bête, j'arrive pas à m'habituer.

GHISLAINE - Ben, tu devrais essayer !

JANINE - Moi, tu sais, je dis ça pour aider.

GHISLAINE - Merci, mais là ça va aller !

Silence.

JANINE - Quand même... Tu crois qu'il va venir ? *(Petit silence.)* Il a pas l'air de vouloir, en tout cas. *(Ghislaine ne répond pas.)* Sinon ça ferait longtemps qu'il serait là, non ? *(Ghislaine ne répond pas.)* Enfin, c'est pas pour dire, mais bon... Voilà, quoi ! Tu crois pas ?

GHISLAINE - Dis, tu veux pas te taire un peu ? Parce que là, moi, je fatigue !

JANINE - Bien sûr! Pas de problème! Mais à mon avis, c'est grillé, il viendra pas. *(Ghislaine ne répond pas.)* Je veux pas te faire de peine, ma Ghislaine, mais je sais pas pourquoi, j'ai l'impression que ce Arnaud c'est un con.

GHISLAINE - Non, mais ça va pas de dire ça? Et puis, de quoi je me mêle?

JANINE - Oh! tu sais, moi je dis ça, je dis rien!

GHISLAINE - Ouais, ben, ne dis rien. Je préfère. *(Petit silence.)* Et puis, parle pour toi si tu veux, mais ce qu'il y a entre Arnaud et moi c'est quelque chose que tu peux pas comprendre.

JANINE - Oh! ne crois pas ça! Les cons, ça me connaît. À une époque, j'en faisais la collection.

GHISLAINE - Mais tu vas arrêter avec ça? Dis-toi bien qu'Arnaud est loin d'être un con, comme tu dis. C'est quelqu'un d'extrêmement intelligent. Il est très cultivé, il a du charisme…

JANINE - Ça empêche pas!

GHISLAINE - Peut-être, mais lui il est pas comme ça. Lui, il est différent. C'est dingue, parfois il est capable de me faire rire aux larmes, et puis parfois…

JANINE - … il te fait pleurer.

GHISLAINE *(marquant un temps d'arrêt)* - Pourquoi tu dis ça?

JANINE - Je t'ai déjà vue pleurer après que tu lui as parlé au téléphone, c'est pour ça.

Petit silence.

GHISLAINE - Oui, bon, c'est sûr! C'est quelqu'un d'entier… Alors, forcément… Parfois, il peut être un peu agaçant avec son petit côté je-sais-tout, mais c'est normal, il a fait de brillantes études, et moi faut dire que je suis pas toujours à la hauteur.

Reproduction interdite

JANINE - Ne dis pas ça. Toi t'es quelqu'un de bien, tu as du cœur. Alors que lui…

GHISLAINE - Quoi, « lui » ?

JANINE - Ben, pour moi, il te mérite pas.

GHISLAINE - Tu peux pas dire ça, tu le connais pas.

JANINE - J'ai pas besoin de le connaître pour savoir que c'est un con. Depuis le temps, j'ai appris à les repérer, moi, les cons.

GHISLAINE - Tu vas pas recommencer ! On peut pas porter des jugements comme ça sur les gens, Janine ! En plus, tu sais rien de lui.

JANINE - Si. Je sais que toi tu l'appelles vingt fois par jour et lui, depuis une semaine que je suis là, il t'a pas appelée une seule fois.

GHISLAINE - Et alors ? Ça prouve quoi ?

JANINE - C'est simple : ça prouve qu'il s'occupe que de lui et qu'il s'en fout de toi.

GHISLAINE - Non, je suis pas d'accord… C'est faux ! *(Petit silence.)* C'est quelqu'un de très occupé. C'est pas facile pour lui, tu sais. Il rencontre des tas de gens. Il fait un boulot dingue.

JANINE - Si tu le crois, tant mieux pour toi !

GHISLAINE - Non, mais attends ! Ça suffit maintenant. J'ai rien à prouver à personne et surtout pas à toi ! Tu crois tout savoir, mais tu sais rien du tout. Et puis, ça te regarde pas, tout ça. C'est ma vie privée, t'as pas à t'en mêler. C'est clair ? *(Petit silence.)* C'est vrai, quoi ! Tu débarques à peine de ta province et tu crois pouvoir régenter ma vie sous prétexte qu'on est cousines ! Mais tu te prends pour qui, Janine ?

JANINE - Ben, pour ta cousine…

GHISLAINE - Oui, ben, c'est pas une raison ! *(Petit silence.)* Et d'abord, tu sais rien de ma vie ! Mets-toi bien ça dans le crâne. Je suis entourée de gens formidables, tu m'entends ? Et j'ai une vie passionnante.

JANINE - Ça se voit !

GHISLAINE - Quoi ?

JANINE - Non, rien.

GHISLAINE - Si tu crois que je t'ai pas entendue… *(Elle se sert encore un petit verre, sans oublier Janine. Elle boit cul sec. Puis, elle compose toujours le même numéro sur son portable. Elle est de plus en plus nerveuse, prête à craquer. Elle parle d'un ton sec.)* Arnaud ? Guylaine. Je te signale que tu es toujours sur messagerie. C'est pas normal, tu devais me rappeler. Je sais plus l'heure qu'il est et on vous attend, là, d'accord ? Ça fait je sais pas combien de temps que tu dis que tu arrives, alors arrive, maintenant ! Bisous ! *(Elle raccroche.)*

> *Silence.*
> *Janine, à son tour, avale son verre d'un trait.*

JANINE - Excuse-moi, Guylaine. Je voulais pas te faire de peine. Je sais que c'est à cause de moi tout ça.

> *Ghislaine est intriguée. Elle dévisage sa cousine.*

GHISLAINE - Qu'est-ce que tu veux dire ?

JANINE - J'arrête pas de faire des gaffes et, en plus, si tes invités sont pas venus, je suis sûre que c'est à cause de moi.

GHISLAINE - Comment ça, à cause de toi ?

JANINE - Il faut que je te dise la vérité… Voilà… Je suis quelqu'un qui porte la poisse.

GHISLAINE - Ne sois pas ridicule, Janine…

JANINE - C'est vrai, je te jure ! Depuis que je suis petite, j'ai toujours porté la poisse à tout le monde. C'est comme ça, c'est tout.

GHISLAINE - Qu'est-ce qu'il faut pas entendre !

JANINE - Même qu'une fois j'avais piqué des cigarettes à mon père parce que je voulais impressionner des copines en leur faisant croire que je savais fumer. Ça, pour être impressionnées, elles ont été impressionnées : j'ai foutu le feu à la grange et c'est les pompiers qui nous ont sauvées. Chaque fois que je fais quelque chose de mal, je suis aussitôt punie et, en plus, je porte la poisse à tout ceux qui s'approchent de moi.

GHISLAINE - Et alors ? Tu vas pas tirer des conclusions sur un exemple malheureux ! C'est juste un accident, voilà. Ça peut arriver.

JANINE - Rien du tout ! C'est toujours comme ça ! Je suis embauchée dans une entreprise : elle fait faillite. Je monte dans une voiture : elle tombe en panne. Je prête un stylo : il marche pas… Tous les trucs foireux, c'est pour moi. Tiens ! La dernière fois, j'ai intoxiqué tous les gendarmes de Fonsegrives en leur faisant un gâteau d'anniversaire. C'est la poisse, je te dis. Ça me suit partout ! C'est pour ça que je suis venue chez toi. Je me suis dit qu'en changeant d'endroit, ça allait peut-être me lâcher…

GHISLAINE - N'importe quoi ! De toute façon, moi, je crois pas à ces trucs-là !

JANINE - Mais c'est la vérité, tu peux me croire ! Tiens, tu veux que je te raconte comment j'ai bousillé le feu d'artifice du 14 juillet ?

GHISLAINE - Non, je préfère pas.

Reproduction Interdite

58

JANINE - Ça vaut mieux, parce que ça a fait du dégât ! D'ailleurs, ils veulent plus de moi là-bas. Quand je leur ai dit que je partais à Paris, ils se sont cotisés pour me payer le billet.

GHISLAINE - Ça prouve qu'ils t'aiment bien, c'est tout.

JANINE - Tu parles ! Ils voulaient se débarrasser de moi, oui ! Ils m'appellent Janine-la-poisse et ils ont raison. Je suis une vraie calamité, faut pas me fréquenter.

GHISLAINE - Oui, bon, ça va ! Tu vas arrêter avec ça, maintenant ! Janine-la-Poisse ! N'importe quoi…

Petit silence. Elles boivent un verre.

GHISLAINE - Qu'est-ce que tu peux dire comme bêtises !

JANINE - Ah ! ben ça, je t'avais avertie ! Moi, sitôt que j'ai un verre dans le nez, c'est parti, tu peux envoyer les majorettes.

Petit silence.

GHISLAINE - Oui, bon, là, on va dire qu'elles sont fatiguées, les majorettes. D'accord ? *(Petit silence. Elle remplit les deux verres.)* Et puis, y a pas que toi, tu sais. Toi, au moins, tu fais pas exprès de faire des conneries. Moi, c'est pire ! Moi, on dirait que je m'applique à tout rater. Je fais partie de la catégorie des « rate tout » ! Je rate toujours tout… À commencer par ma vie.

JANINE - Mais non ! Tu peux pas dire ça, quand même… Pas toi.

GHISLAINE - Si, si. C'est vrai ! Et ça a commencé bien avant que tu débarques chez moi. Ça fait des mois que j'ai pas décroché le moindre petit rôle. Pas même une figuration ! Rien, mais alors ce qui s'appelle rien ! Le désert. La plupart du temps, je fais la plonge dans un restaurant pour payer mon loyer. C'est pour te dire où j'en suis arrivée…

Janine - Attends, je comprends pas. Et la télé ? Tu travailles bien à la télé ?

Ghislaine - Je « travaillais » à la télé ! Le contrat s'est terminé le mois dernier et, justement, le dîner de ce soir c'était pour essayer de le renouveler. *(Petit silence. Petit verre.)* Ce dîner, c'était un peu ma dernière chance, alors je m'y suis accrochée. Je voulais y croire, mais à quoi bon ? Quand c'est foutu, c'est foutu…

Janine - Ah non ! C'est trop bête. Tu vas pas te laisser aller, quand même ?

Ghislaine - Et pourquoi pas ? Tu le vois aussi bien que moi que c'est foutu, non ? C'est râpé, je te dis. C'est mort, c'est grillé, c'est plié, c'est bâché…

Janine - Oui, bon, ça va ! On a compris ! *(Un temps.)* J'aime pas te voir comme ça, ma Ghislaine. Il faut relever la tête.

Ghislaine - À quoi bon ?

Janine - Parce que t'as le rimmel qui coule et tu vas dégueulasser ta nappe. *(Ghislaine éclate en sanglots.)* Moi je disais ça parce que ça tache, le rimmel, et après ta nappe tu vas être obligée de la mettre au pressing.

Les explications de Janine ne calment pas Ghislaine, au contraire.

Ghislaine - Ce dîner, c'est une catastrophe. C'est plus un dîner, c'est un naufrage !

Janine - Attends, faut pas exagérer. Ce dîner, c'est pas toute ta vie non plus. T'en organiseras d'autres, des dîners.

Ghislaine - Plus jamais ! Tu m'entends ? Plus jamais !

Janine - Mais si ! Il suffit que tu changes un peu le menu. Par exemple, tu fais…

GHISLAINE - … du canard ?

JANINE - Voilà.

GHISLAINE - Sûrement pas !

JANINE - De toute façon, c'est pas un dîner qui va décider de ta vie. Tu peux réussir par d'autres moyens. T'es belle et t'as du talent.

GHISLAINE - Tu dis ça parce que tu m'as jamais vue jouer. J'en fais toujours des tonnes. J'ai une voix de chiotte. Sur scène, je me déplace comme un balai et j'ai autant de présence qu'une serpillière.

JANINE - Bon, ça suffit maintenant ! Faut jamais dire du mal de soi, ça porte malheur !

GHISLAINE - Ouais, ben, de ce côté-là, je suis servie. Merci.

JANINE - Quand même, je te comprends pas, je suis étonnée de te voir comme ça. Moi je suis venue te voir parce que je pensais que tu pouvais m'aider, que t'allais me filer la pêche pour m'aider à me sortir de ma poisse et là, qu'est-ce que je vois ? Que t'es toute prête de t'écrouler comme une merde ! Eh ben, non ! Ça, j'accepte pas. Allez ! On se redresse et on y croit !

GHISLAINE - Désolée ma petite Janine, mais là, j'y arrive pas.

JANINE - Je vais te dire ce que t'as, Ghislaine : en vérité, t'as peur. On dirait que t'as peur de compter sur toi et tu préfères compter sur un con.

GHISLAINE - Toi, quand t'as une idée, tu la lâches pas…

JANINE - Peut-être. N'empêche que je comprends pas comment tu peux rester accrochée après un con pareil.

Reproduction Interdite

GHISLAINE - Décidément, c'est une idée fixe chez toi. Pourquoi tu veux absolument qu'Arnaud soit un con?

JANINE - Moi je veux rien du tout. Je comprends pas, c'est tout. Une fille intelligente comme toi...

GHISLAINE - Intelligente? Les apparences sont trompeuses, ma petite Janine. Peut-être que moi aussi je suis qu'une conne, après tout!

JANINE - Ça, ça m'étonnerait! Les cons, ça me connaît. Je les repère au premier coup d'œil.

GHISLAINE - Ben, il va te falloir des lunettes. Je sais pas pourquoi je suis attirée par les cons comme ça, moi.

JANINE - Là, t'es pas la seule!

GHISLAINE - D'accord, mais moi, là où je fais fort, c'est que quand ils sont cons, je vois pas qu'ils le sont, et quand je crois qu'ils le sont, eh ben, ils le sont pas.

JANINE - J'ai rien compris.

GHISLAINE - Tiens, toi, par exemple. Tu caches bien ton jeu.

JANINE - Pourquoi tu dis ça?

GHISLAINE - Allez, arrête! Tu sais bien ce que je veux dire! Tu débarques ici en jouant les abruties, alors qu'en réalité t'as tout compris.

JANINE - Je comprends pas.

GHISLAINE - Moi, je crois que si.

Ghislaine prend à nouveau son portable après avoir bu un petit verre. Pas de réponse. Elle a dû tomber sur la messagerie.

JANINE - Je le sais que je suis pas trop intelligente. Je le vois bien que les gens ça les fait rire la façon que je parle;

même que des fois, y en a qui me disent des trucs méchants en croyant que je comprends pas, mais je fais semblant de rien. Je me dis que ça leur passera. Moi, quand j'ai le cafard, c'est pas compliqué : je pense à quelque chose de joli et hop ! c'est fini. Tout de suite, je suis de bonne humeur. Demande-leur, aux méchants, d'en faire autant. C'est eux qui sont tristes tout le temps. Y a que quand ils font du mal qu'ils sont contents.

GHISLAINE - T'as bien de la chance, ma Janine, et j'aimerais bien pouvoir faire comme toi, mais ce que j'ai dans la tête en ce moment, c'est pas joli, joli. *(Elle reprend son portable et tombe de nouveau sur la messagerie.)* Tu vas voir qu'il va même pas me rappeler, ce con !... C'est bien lui, ça ! Des promesses, toujours des promesses… Mais ça l'engage pas, lui, les promesses. Ça n'engage que ceux qui y croient. Il m'a dit : « Tu vas voir, je connais les gens qui comptent dans le métier… Quand tu veux, je te les emmène à dîner… Tu vas signer ton contrat dans la soirée. » J'aurais dû me méfier ! *(Un temps.)* C'est toi qui as raison, ma Janine. C'est un con !

JANINE - Ah ! tu vois ! Qu'est-ce que je disais ?

GHISLAINE - Il viendra pas.

JANINE - Tant mieux !

GHISLAINE - Oui, justement ! Tant mieux ! Comme ça, je verrai plus sa petite gueule de vieux beau. *(Elle prend son télé-phone. Sa voix est apaisée.)* Arnaud ? C'est Guylaine. Ça tombe très bien que tu sois sur messagerie pour ce que j'ai à te dire. Alors voilà… Ça y est, je suis plus du tout inquiète, je sais que tu viendras pas et que t'as jamais eu l'intention de venir, mais maintenant je m'en fous. Et puis, aussi, je voulais te dire que t'étais un con. Je le dis pas pour toi, toi tu t'en aperçois même pas. Je dis pour moi, ça me soulage. Voilà. Pour le reste, fais comme t'as toujours fait : ne me rappelle jamais. *(Elle raccroche.)*

Ça sert peut-être à rien, mais ça fait du bien ! *(Janine sert à boire. Rituel symbolique où elles libèrent Ken de sa cage et l'envoient bouler à coup de pied.)* Comme ça, ils nous prendront plus pour des connes, les Ken !

Elles se lèvent comme elles peuvent et elles trinquent.

JANINE - Je lève mon verre à la santé des Ken... et des cons !

GHISLAINE - Bien dit ! *(Elles boivent cul sec.)* T'imagines qu'il s'est fait teindre en blond, ce con ?

JANINE - Non ?!

GHISLAINE - Si !

JANINE - Ah ! le con !

Elles rient toutes deux de bon cœur, surtout Janine.

NOIR

TABLEAU 3

Au retour de la lumière, on est dans la scène de l'après dîner qui n'a pas eu lieu.
Les deux cousines sont un peu plus que pompettes. Elles ne sont pas avachies sur la table, mais c'est pas loin.
On prend en cours une discussion très égayée qui commence dans le noir.
Janine est écroulée de rire pendant que Ghislaine, debout, lui raconte quelque chose.

JANINE - Eh beh, dis donc ! Gonflé, le mec !

GHISLAINE - Attends, c'est pas fini. En plus, il s'est mis à me draguer ce naze !

JANINE - Non !

GHISLAINE - Si ! Il s'approche comme ça et il me fait : « C'est mignon, tout ça. » Comment ça, « mignon » ? Moi, ça m'a énervée, tu me connais…

JANINE - Bien sûr que je te connais !

GHISLAINE - Alors je l'ai fixé dans les yeux et je lui ai dit : « Méfie-toi, parce que dans "mignon", y a "gnon" ». *(Elle montre le poing.)*

Elles rient de plus belle.

JANINE - C'est bon ça ! Ça a dû le calmer.

GHISLAINE - Tu parles ! C'est le contraire ! Je sais pas ce qui lui a pris, il me dit comme ça : « Moi, quand je fais l'amour, c'est interminable ! »

JANINE - C'est pas vrai ?!

GHISLAINE - « Ça m'étonne pas, je lui ai dit, parce que dans "interminable", y a "minable" ! »

Elles éclatent de rire.

JANINE - Bravo ! Là, t'as dû le ravager !

GHISLAINE - Et comment !

Elles rient encore, puis elles se calment.

JANINE - C'est ma grand-mère Rosine qui dit ça : « Les hommes c'est comme les gâteaux : vaut mieux garder les meilleurs pour la fin. »

GHISLAINE -Tu sais que c'est pas con ce que tu dis ? Santé !

JANINE - Santé !

Elles trinquent et elles boivent.

GHISLAINE - Je le voyais bien que c'était un con, le Arnaud, mais je m'accrochais à lui parce que j'avais peur de me retrouver toute seule. Voilà.

Petit silence. Janine réfléchit.

JANINE - « Quand on a de la paille dans le ventre, on a peur des allumettes ! » *(Regard étonné de Ghislaine.)* Enfin, c'est ma grand-mère qui dit ça !

GHISLAINE - Ah bon ! Tu m'as fait peur !... Ben, tu vois, ça lui ressemble bien à la grand-mère. Elle a toujours eu le bon proverbe au bon moment.

JANINE - Comment tu le sais ? Tu la connais ma mamie ?

GHISLAINE - Ben, il se trouve que c'est aussi ma mamie à moi, Rosine… puisqu'on est cousine !

JANINE - Ah oui ! C'est vrai ! Qu'est-ce que je peux être conne, moi, des fois !

GHISLAINE - Non, ne dis pas ça, tu te fais du mal.

JANINE - N'empêche que ça me fait plaisir. Je me disais bien aussi que tu me faisais penser à quelqu'un. Alors, comme ça, tu la connais Rosine ?

GHISLAINE - Pas aussi bien que toi. J'ai des souvenirs comme ça qui me reviennent… Comment elle va, d'ailleurs, la grand-mère ?

JANINE - Oh ! tu sais, elle est géniale ! Elle a toujours la pêche. Elle passe son temps à draguer des petits jeunes de soixante-dix ans sur le marché de Ramonville.

GHISLAINE - Pourquoi ? Ça lui fait quel âge maintenant ?

JANINE - Quatre-vingt-sept.

GHISLAINE - Ah ouais ! Quand même !

JANINE - Elle dit toujours que ça sert à rien d'avoir des états d'âme et qu'elle, elle préfère avoir des tas d'hommes.

GHISLAINE - Elle a pas l'air de s'ennuyer !… À ta santé, Rosine !

JANINE - Santé, mamie ! *(Petit silence. Elle fixe sa cousine un instant.)* Tu sais que tu lui ressembles ?

GHISLAINE - Ah bon ?

JANINE - Ah oui ! Plus je te vois et plus je trouve que c'est incroyable comme tu lui ressembles.

Reproduction Interdite

GHISLAINE - Merci. Je suis flattée.

JANINE - Tu peux ! C'est quelqu'un de bien, Rosine. Tout comme toi, d'ailleurs.

GHISLAINE - Ça, faut le dire vite. Moi je me vois pas tellement comme quelqu'un de bien. On m'utilise comme un objet décoratif et moi, comme une gourdasse que je suis, je me laisse faire.

JANINE - Oui, mais ça y a pas qu'à toi que c'est arrivé !

GHISLAINE - C'est pas une raison ! Je suis désolée, ça devrait pas arriver. « On ne gagne rien à se laisser humilier, sinon le mépris des autres. »

Petit silence.

JANINE - C'est beau ce que t'as dit.

GHISLAINE - T'as compris ?

JANINE - Non, mais je trouve quand même que c'est joli.

GHISLAINE - Santé !

JANINE - Santé !

GHISLAINE - Arnaud, lui, il voulait juste une potiche pour l'accompagner à des soirées, et comme il a des airs un peu efféminés, il voulait pas que les gens s'imaginent des choses à son sujet. Voilà la vérité.

JANINE - Qu'ils s'imaginent quoi ? Je comprends pas

GHISLAINE - Ben, qu'il était un peu… fofolle, quoi… Enfin, tu sais bien ce que je veux dire…

JANINE - Pourquoi ? Il est pédé, en plus ?

GHISLAINE - Non, mais il a beaucoup d'amis dans ce milieu et, bon, tu sais ce que c'est…

JANINE - Ah bon ? Parce que ça s'attrape d'être pédé ?

GHISLAINE - Mais non ! Qu'est-ce que tu racontes ? Ça s'attrape pas, c'est pas une maladie… Certaines personnes ont cette disposition en elles et d'autres ne l'ont pas, voilà. C'est tout ce qu'on peut dire.

JANINE - Comment ça ?

GHISLAINE - Ben, c'est naturel, si tu préfères. C'est un truc que t'as de naissance. C'est comme ça, c'est tout.

JANINE - Ah ouais ! Je le savais ! C'est héréditaire, hein ? Quand on est pédé, c'est de père en fils.

GHISLAINE - N'importe quoi ! T'as bu ou quoi ? Et d'abord, on dit pas « pédé », on dit « homosexuel », d'accord ? Il y a les homosexuels et les hétérosexuels.

JANINE - Ah bon ? Je savais pas qu'il y en avait deux sortes.

GHISLAINE - Oh là là ! Mais c'est pas vrai ! Ça s'arrange pas, chez toi ! Bon, écoute : y en a pas deux sortes, comme tu dis. Disons que les homosexuels c'est les « pédés », si tu veux… Et les hétérosexuels, ben c'est nous.

JANINE - N'importe quoi ! Je suis pas machin-sexuelle, moi. Je suis normale.

GHISLAINE - Justement, c'est la même chose. « Hétéro », en grec, ça veut dire « les autres ». Alors « hétérosexuel », c'est celui qui fait l'amour avec les autres.

JANINE - Mais je m'en fous, moi, de ce qu'ils font les autres ! Ils font ce qu'ils veulent, les autres !

GHISLAINE - Mais non ! Mais écoute-moi…

JANINE - Et pourquoi tu me parles des Grecs ? Tu crois que je le sais pas ce qu'on dit sur les Grecs ? Je suis normale, moi, t'entends ?

GHISLAINE - Oui, normalo-sexuelle, alors !

JANINE - Non, pas sexuelle ! Rien du tout de sexuel ! Normale et puis c'est tout !

GHISLAINE - Oui, bon, d'accord, t'es normale et même Normalienne, tiens ! Ça te va ?

JANINE - Ouais… comme ça… ça va… Là, je veux bien ! *(Silence. Ghislaine est toute souriante et elle ne peut s'empêcher de la fixer.)* Qu'est-ce qu'y a ? J'ai encore dit une connerie ? *(Ghislaine ne répond pas.)* Ou alors j'ai un truc sur la figure, c'est ça ?

GHISLAINE - Tu sais, Janine, j'aime bien discuter avec toi. Finalement, tu m'apprends plein de choses.

JANINE - Ah ! ben, ça c'est quand tu veux ! Je suis là, tu me demandes.

GHISLAINE - J'y manquerai pas. Tu vois, ce soir, par exemple, je sais pas ce que j'aurais fait si t'avais pas été là.

JANINE - Qu'est-ce que tu veux dire ?

GHISLAINE - Si je m'étais retrouvée toute seule pour affronter tout ça, je crois que j'aurais pas supporté. Peut-être même que j'aurais fait une grosse bêtise. Janine, tu m'as sauvé la vie !

JANINE - Je vois qu'y a pas que moi qui dis des conneries.

GHISLAINE - Non, c'est vrai ! Je suis peut-être un peu pompette, mais je parle sérieusement. Pour une Janine-la-Poisse, je trouve qu'à moi tu m'as plutôt porté bonheur.

JANINE - Alors là, je sais pas quoi dire ! C'est la première fois qu'on me dit ça. *(Elle est émue. Elle se jette sur Ghislaine et l'embrasse.)* Merci, ma Ghislaine… euh… Guylaine, pardon !

GHISLAINE - Non, non, non, c'est pas grave, au contraire, j'aime bien quand tu m'appelles Ghislaine parce que c'est

Reproduction interdite

70

comme ça que je m'appelle en vérité. Guylaine, c'est pas moi, c'est quelqu'un d'autre, tu comprends?

JANINE - Oui. Je crois que oui.

GHISLAINE - Tant mieux, parce qu'à partir de ce soir, Guylaine c'est fini. Elle existe plus. *(Elles se lèvent péniblement toutes les deux comme pour porter un toast.)* Je lève mon verre à Guylaine, cette chère disparue qui était si vilaine et conne, et qu'on reverra plus. Santé!

JANINE - Santé!

GHISLAINE - Ah! y a longtemps que je me suis pas sentie aussi bien, moi! Et en plus je crois que j'ai faim.

JANINE - Ça! Moi aussi! Je boufferais mon sac à main tellement j'ai faim!

Petit silence.
Elles regardent toutes les deux la table garnie devant elles, puis elles se regardent.

GHISLAINE - Dis donc, Janine, tu nous ferais pas ta grande spécialité?

JANINE - Quoi? Tu veux dire que tu serais prête à manger du canard, là, maintenant?

GHISLAINE - Oui.

JANINE - Même si c'est tout plein de machins saturés qui sont mauvais pour la santé?

GHISLAINE - Absolument.

JANINE - Tu dis pas ça parce que t'es complètement bourrée?

GHISLAINE - Pas du tout!

JANINE - Alors, bouge pas, je m'occupe de tout.

Janine se précipite vers la cuisine.
Au moment où elle sort, Ghislaine l'appelle.

GHISLAINE - Au fait, Janine…

JANINE - Oui, quoi ?

GHISLAINE - Merci… C'est gentil ce que tu fais pour moi !

Regards et sourires complices entre les deux cousines.
Un temps.
La lumière commence à baisser, quand soudain on entend
une sonnerie. Ce n'est ni le téléphone, ni la porte d'entrée :
c'est celle du digicode.
Ghislaine, étonnée, décroche l'interphone et on entend la voix
d'Arnaud.

ARNAUD *(off)* - Guylaine, c'est moi ! C'est Arnaud !

GHISLAINE - Oh ! Arnaud ! *(Elle se tourne vers Janine.)* C'est
ce petit con d'Arnaud…

JANINE - C'est pas vrai ?!

GHISLAINE *(complètement bourrée)* - Mais qu'est-ce que tu
fais là, mon petit con… mon petit Arnaud ?

JANINE *(riant)* - Ah ! ah ! ah !

GHISLAINE *(soudain énervée)* - Alors, c'est à cette heure-ci
que t'arrives, toi ?!

ARNAUD *(off)* - Ouvre-moi, s'il te plaît, Guylaine, je vais
t'expliquer…

GHISLAINE - Non. Je préfère que tu m'expliques tout de
suite, après je verrai si je t'ouvre. Et t'as intérêt à trouver
quelque chose, parce que moi, là…

ARNAUD *(off)* - Je sais, t'as dû me maudire depuis tout à
l'heure et c'est pour ça que je suis venu. Je m'en veux, tu sais !

GHISLAINE - De quoi tu parles ?

ARNAUD *(off)* - Ben, toute cette histoire de producteurs… Il faut que je te dise… Voilà, je…

GHISLAINE - Oui ?

ARNAUD *(off)* - Je l'ai inventée.

JANINE - Oh ! le con ! Je te l'avais pas dit ?

GHISLAINE - Tu veux dire que c'était pas vrai ? Qu'il y a jamais eu de producteurs qui s'intéressaient à moi ?

ARNAUD *(off)* - Oui… C'est à peu près ça…

GHISLAINE - Comment ? Tu peux parler plus fort s'il te plaît ? Je t'entends pas !

ARNAUD *(off)* - Oui, c'est ça !

JANINE - Oh ! le con !

GHISLAINE - Ben, je m'en doutais, tu vois…

ARNAUD *(off)* - Alors, ça veux dire que tu m'en veux pas ?

GHISLAINE - J'ai pas dit ça.

JANINE - Qu'est-ce qu'il est con !

GHISLAINE - Je trouve que c'est dégueulasse ce que t'as fait.

ARNAUD *(off)* - Je sais, c'est con, mais je voulais t'impressionner. Je voulais faire quelque chose pour que tu t'attaches à moi, parce que j'avais peur que tu finisses par me quitter.

JANINE - Ben, c'est réussi !

ARNAUD *(off)* - De toute façon, ça m'a pas porté chance, tu sais. Ce soir, j'ai vécu une véritable galère : j'ai crevé sur le périph, j'avais pas de roue de secours, alors j'ai dû faire dix bornes sous la pluie ; j'ai oublié mon portefeuille dans la voiture et

73

Reproduction interdite

mon portable est tombé dans l'eau. Je peux te dire que ça m'a servi de leçon et je voyais pas d'autre solution que de venir chez toi pour te demander pardon. *(Petit silence éloquent.)* Allô! Guylaine, t'es toujours là?

GHISLAINE - D'abord, c'est pas « Guylaine », c'est « Ghislaine ».

Janine fait signe qu'elle approuve.

ARNAUD *(off)* - Tu veux pas m'ouvrir, s'il te plaît? Je suis fatigué, j'ai faim, j'ai froid… et puis… je t'aime.

En guise de réponse, Ghislaine appuie sur l'interrupteur qui déclenche l'ouverture de la porte d'entrée. Puis, elle se tourne vers Janine et la regarde de façon insistante.

JANINE - Je te l'avais bien dit que je portais la poisse!

Subitement, le visage de Ghislaine s'éclaire d'un sourire et, très vite, d'un rire qui emporte les deux cousines.

NOIR

Lors des saluts, on entend Maïté en voix off.

FIN

AVIS IMPORTANT

Cette pièce de théâtre fait partie du répertoire de la Société des Auteurs et Compositeurs Dramatiques, 11 bis rue Ballu 75442 PARIS Cedex 09. Tél. : 01 40 23 44 44. Elle ne peut donc être jouée sans l'autorisation de cette société.

Nous conseillons d'en faire la demande avant de commencer les répétitions.

ATTENTION

Aux termes du Code de la propriété intellectuelle, toute reproduction ou représentation, intégrale ou partielle de la présente publication, faite par quelque procédé que ce soit (reprographie, microfilmage, scannérisation, numérisation...) sans le consentement de l'éditeur est illicite (article L. 122-4 du Code de la propriété intellectuelle) et constitue une contrefaçon sanctionnée par les articles L. 335-2 et suivants du même Code.

Imprimé à la demande par Books On Demand GmbH, Bad Hersfeld, Allemagne

Première édition, dépôt légal : août 2006
N° d'édition : 200639
ISBN : 2-84422-528-4